Kid Pick!

Title: _____

Author: _____

Picked by: _____

_____

Why I love this book:

_____
_____
_____
_____

Teach Me...™
Everyday
CHINESE
Volume 1

Written by Judy Mahoney
Illustrated by Patrick Girouard

Technology is changing our world. Far away exotic places have literally become neighbors. We belong to a global community and our children are becoming "global kids." Comparing and understanding different languages and cultures is more vital than ever! Additionally, learning a foreign language reinforces a child's overall education. Early childhood is the optimal time for children to learn a second language, and the Teach Me Everyday language series is a practical and inspiring way to teach them. Through story and song, each book and audio encourages them to listen, speak, read and write in a foreign language.

Today's "global kids" hold tomorrow's world in their hands. So when it comes to learning a new language, don't be surprised when they say, "teach me!"

Chinese is one of the fastest growing languages today. It is unique in that it is made up of a writing system that uses symbols to represent the spoken sounds. These symbols are called characters. In China, children learn to write Chinese characters, but they also learn pinyin, which uses roman letters and tonal markings to represent the Chinese sounds. Pinyin helps the young children learn to read. Pinyin is used here to assist understanding of pronunciation. We use Mandarin because over 1.12 billion people speak Mandarin and it is the dialect taught in the schools.

Teach Me Everyday Chinese
Volume One
ISBN 13: 978-1-59972-109-5
Library of Congress PCN: 2008902661

Copyright © 2008 by Teach Me Tapes, Inc.
6016 Blue Circle Drive, Minnetonka, MN 55343
www.teachmetapes.com

Book Design by Design Lab, Northfield, MN

INDEX & SONG LIST

当我们同在一起

Dāng wǒmen tóng zài yì qǐ , zài yì qǐ, zài yì qǐ

Dāng wǒmen tóng zài yì qǐ, dà jiā duō huān xǐ

Nǐ de péng yǒu zài zhè lǐ

Wǒ de péng yǒu zài zhè lǐ

Dāng wǒmen tóng zài yì qǐ, dà jiā duō huān xǐ.

The More We Get Together
The more we get together, together, together
The more we get together the happier we'll be
For your friends are my friends
And my friends are your friends
The more we get together, the happier we'll be.

四 (sī)

五 (wǔ)

5

我家的小猫。
它的名字叫毛毛。
它的毛是灰色的，很柔和。
Wǒ jiā de xiǎo māo.
Tā de míng zì jiào máo mao.
Tā de máo shì huī sè de,
hěn róu hé.

My cat.
Her name is Mao mao.
She is soft and gray.

我家的小猫
Wǒ jiā de xiǎo māo

我家的小狗。
它的名字叫小波。
它的毛是黑色和白色。
Wǒ jiā de xiǎo gǒu.
Tā de míng zi jiǎo xiǎo bō.
Tā de máo shì hēi sè hé bái sè.

我家的小狗
Wǒ jiā de xiǎo gǒu

My dog.
His name is Xiao bo.
He is black and white.

This is my house.
It is blue with a brown roof and a garden full of yellow flowers.

我的房间的颜色是红色。快七点了。快起床！快起床！

Wǒ de fáng jiān de yán sè shì hóng sè. Kuài qī diǎn le. Kuài qǐ chuáng! Kuài qǐ chuáng!

My room is red.
It is seven o'clock.
Get up!
Get up!

晨钟

Yuē hàn gē ge, yuē hàn gē ge
Hái zài shuì jiào, hái zài shuì jiào
Zǎo chén zhōng shēng yǐ qiāo xiǎng
Zǎo chén zhōng shēng yǐ qiāo xiǎng
Dīng dǎng dōng! Dīng dǎng dōng!

Are You Sleeping

Are you sleeping, are you sleeping
Brother John, Brother John
Morning bells are ringing
Morning bells are ringing
Ding dang dong! Ding dang dong!

懒惰的迈蕊

Lǎn duò de mài ruì, nǐ kuài qǐ chuáng
Kuài qǐ chuáng, kuài qǐ chuáng
Lǎn duò de mài ruì, nǐ kuài qǐ chuáng
Nǐ jīn tiān kuài qǐ chuáng?

Lǎn duò de mài ruì nǐ kuài chuān yī…
Lǎn duò de mài ruì nǐ kuài shuā yá…
Lǎn duò de mài ruì nǐ kuài xǐ liǎn…
Lǎn duò de mài ruì qǐng zhěng lǐ chuáng…

Lazy Marie

Lazy Marie, will you get up
Will you get up, will you get up
Lazy Marie, will you get up
Will you get up today?

Lazy Marie, will you get dressed…
Lazy Marie, please brush your teeth…
Lazy Marie, please wash your face…
Lazy Marie, please make your bed…

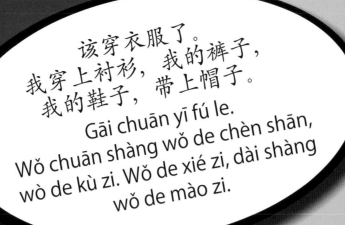

该穿衣服了。
我穿上衬衫，我的裤子，
我的鞋子，带上帽子。
Gāi chuān yī fú le.
Wǒ chuān shàng wǒ de chèn shān,
wò de kù zi. Wǒ de xié zi, dài shàng
wǒ de mào zi.

I get dressed. I put on my shirt,
my pants, my shoes and my hat.

头
Tóu

眼睛
Yǎn jing

耳朵
Ěr duo

鼻子
Bí zi

肩膀
Jiān bǎng

嘴巴
Zuǐ ba

头、肩膀、膝盖、 ♪
脚趾头

Tóu, jiān bǎng xī gài jiǎo zhǐ tou

Tóu, jiān bǎng xī gài jiǎo zhǐ tou

Yǎn jing ěr duo zuǐ ba bí zi

Yǎn jing ěr duo zuǐ ba bí zi pāi

pāi shǒu.

膝盖
Xī gài

脚趾头
Jiǎo
zhǐ tóu

Head, Shoulders, Knees and Toes
Head and shoulders, knees and toes, knees and toes
Head and shoulders, knees and toes, knees and toes
Eyes and ears and mouth and nose
Head and shoulders, knees and toes, knees and toes.

十 (shí)

For breakfast I like to eat cereal, toast with jam, and drink orange juice.

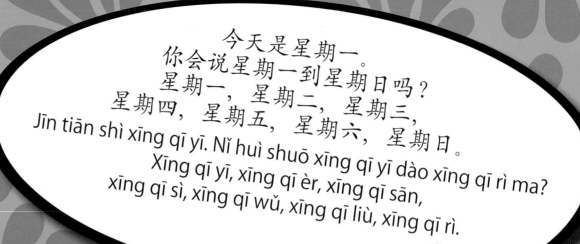

今天是星期一。
你会说星期一到星期日吗？
星期一，星期二，星期三，
星期四，星期五，星期六，星期日。

Jīn tiān shì xīng qī yī. Nǐ huì shuō xīng qī yī dào xīng qī rì ma?

Xīng qī yī, xīng qī èr, xīng qī sān,

xīng qī sì, xīng qī wǔ, xīng qī liù, xīng qī rì.

		1	2	3	4	5
6	7	8	9	10	11	12
13	14	15	16	17	18	19
20	22	23	24	25	26	27
28	29	30	31			

Today is Monday.
Do you know the days of the week?
Monday, Tuesday, Wednesday,
Thursday, Friday, Saturday, Sunday.

十二 (shíèr)

星期一 (xīng qī yī)

Monday

星期二 (xīng qī èr)

Tuesday

星期三 (xīng qī sān)

Wednesday

星期四 (xīng qī sì)

Thursday

星期五 (xīng qī wǔ)

Friday

星期六 (xīng qī liù)

Saturday

星期日 (xīng qī rì)

Sunday

雨

Yǔ er qǐng tíng xià

Gé tiān er zài lài

Yǔ er qǐng tíng xià

Xiǎo yuē hàn xiǎng chū wài wán.

Xià yǔ le, xià dà yǔ

Jiù xiàng lǎo yé ye dǎ hū lū

Tā zhuàng pèng le tóu ya qù shuì jiào

Yī jiào shuì dào dí èr tiān.

Rain Medley
Rain, rain, go away
Come again another day
Rain, rain, go away
Little Johnny wants to play.

It's raining, it's pouring
The old man is snoring
He bumped his head and went to bed
And couldn't get up in the morning.

彩虹

Shí ěr lán shí ěr lǜ

Měi lì de cǎi sè zhēn shén mì

Fěn sè, zǐ sè huáng sè

Wǒ yuàn jià zhe cǎi hóng.

Rainbows
Sometimes blue and sometimes green
Prettiest colors I've ever seen
Pink and purple, yellow - whee!
I love to ride those rainbows.

十五 (shíwǔ)

15

这是我的学校。
现在我说一遍数字和拼音。
你们跟着我念一遍?
Zhè shì wǒ de xué xiào.
Xiàn zài wǒ shuō yī biàn shù zì
hé pīn yīn. Nǐ men gēn zhe wǒ
niàn yī biàn?

我的学校
Yīn fú ge

Here is my school.
Today I will repeat
the numbers and alphabet.
Will you say them with me?

数字 (Shù zì)

1	2	3	4	5	6	7	8	9	10
一	二	三	四	五	六	七	八	九	十
yī	èr	sān	sì	wǔ	liù	qī	bá	jiǔ	shí

Numbers

one   two   three   four   five   six   seven   eight   nine   ten

音符 (Yīn fú)

A   O

E   I   U   Ü   B   P

M   F   D   T   N   L

G   K   H   J   Q   X

Zh   Ch   Sh   Z   C

S   W   Y   R

音符歌
B P M F D T N L
G K H J Q X
Zhi Chi Shi Ri Zi Ci Si
A O E Ai Ei Ao Ou
An En Ang Eng Yi Wu Yu
Hái Yǒu Yī Ge Yīn
Fú "er"

一只大象
Liǎng zhī dà xiàng chū wài wán
Wán shuǎ zhe yì zhī zhī zhū wǎng
Jù dà wú bǐ de kuài le
Cù shǐ tā yào qǐng lìng yī zhī dà xiàng.

Sān zhī…
Sì zhī…
Quán tǐ…

One Elephant
One elephant went out to play
Upon a spider's web one day
He had such enormous fun
That he called for another elephant to come.

Two…
Three…
Four…
All…

幸福歌

Dāng nǐ xìng fú de shí hòu, qǐng nǐ pāi pai shòu pāi pai shòu
Dāng nǐ gǎn dào xìng fú de shí hòu, qǐng nǐ pāi pai shòu pāi pai shòu.

Dāng nǐ shēng qì de shí hòu, qǐng nǐ duò duo jiǎo duò duo jiǎo
Dāng nǐ gǎn dào shēng qì de shí hòu, qǐng nǐ duò duo jiǎo duò duo jiǎo.

Dāng nǐ táo qì de shí hòu, qǐng nǐ fàng shēng de fàng shēng de dà xiào
Dāng nǐ gǎn dào táo qì de shí hòu, qǐng nǐ fàng shēng de fàng shēng de dà xiào.

Dāng nǐ dù zi è de shí hòu, qǐng nǐ mō zhe dù zi jiào dù zi è
Dāng nǐ gǎn dào dù zi è de shí hòu, qǐng nǐ mō zhe dù zi jiào dù zi è.

Dāng nǐ gǎn dào pí juàn de shí hòu, qǐng nǐ shuì yī ge wǔ jiào shuì yī ge wǔ jiào
Dāng nǐ gǎn dào pí juàn de shí hòu, qǐng nǐ shuì yī ge wǔ jiào.

If You're Happy and You Know It

If you're happy and you know it, clap your hands (clap, clap)
If you're happy and you know it, clap your hands (clap, clap)
If you're happy and you know it, then your face will surely show it
If you're happy and you know it, clap your hands. (clap, clap)

If you're angry and you know it, stomp your feet (stomp, stomp)...

If you're silly and you know it, laugh out loud (giggle, giggle)...

If you're hungry and you know it, rub your tummy (mmm, mmm)...

If you're sleepy and you know it, take a nap (sigh)...

小木偶

Xiǎo mù'ǒu huì biǎo yǎn

Zhuàn quān, shuāi jiāo, zhàn lì zǒu

Tā men dú jiǎo tiào

Shuāng jiǎo tiào, měng tiào.

Shén me shí hòu

Hái néng zài lái guān kàn

Jīng cǎi yǒu qù de

Xiǎo mù'òu de biǎo yǎn.

The Puppets

Watch them hop, skip, jump
Oh, the puppets they can go
Watch them turn, fall, stand
You must not miss the show.

Can we still come back
To watch the puppets go
Can we still come back
Even when we are all grown.

放学以后，
我们坐小汽车回家。
Fàng xué yǐ hòu,
wǒ men zuò xiǎo
qì chē huí jiā.

After school, we ride home
in the car.

小汽车的轮子

Xiǎo qì chē de lún zi zài zhuàn dòng
Zài zhuàn dòng, zài zhuàn dòng
Xiǎo qì chē de lún zi zài zhuàn dòng
Wéi zhe chéng lǐ zhuàn.

Xiǎo qì chē de lǎ ba dī dā dā
Dī dā dā, dī dā dā
Xiǎo qì chē de lǎ ba dī dā dā
Wéi zhē chéng lǐ zhuàn.

Xiǎo qì chē de chuāng shuā shuā shuā
Shuā shuā shuā, shuā shuā shuā
Xiǎo qì chē de chuāng shuā shuā shuā
Wéi zhe chéng lǐ zhuàn.

Xiǎo qì chē de dēng guāng liàng shǎn shǎn
Liàng shǎn shǎn, liàng shǎn shǎn
Xiǎo qì chē de dēng guāng liàng shǎn shǎn
Wéi zhe chéng lǐ zhuàn.

Chē lǐ de xiǎo péng yǒu men dù zi è
Dù zi è, dù zi è
Chē lǐ de xiǎo péng yǒu men dù zi è
Wéi zhe chéng lǐ zhuàn.

Xiǎo péng yǒu men jì shàng ān quán dài
Ān quán dài, ān quán dài
Xiǎo péng yǒu men jì shàng ān quán dài
Wéi zhe chéng lǐ zhuàn.

Chē shàng de xiǎo péng yǒu shuō: chī wǔ fàn
Chī wǔ fàn, chī wǔ fàn
Chē shàng de xiǎo péng yǒu shuō: chī wǔ fàn
Wéi zhe chéng lǐ zhuàn.

The Wheels on the Car

The wheels on the car go round and round
Round and round, round and round
The wheels on the car go round and round
All around the town.

The horn on the car goes beep beep beep...
The wipers on the car go swish swish swish...
The lights on the car go blink blink blink...
The driver of the car says, "Buckle up"...
The children in the car say, "Let's have lunch"...

该吃午饭了。
午饭以后睡一个午觉。
Gāi chī wǔ fàn le.
Wǔ fàn yǐ hòu shuì yī
gè wǔ jiào.

It is time for lunch.
After lunch, I take a quiet time.

睡吧，宝贝

Shuì ba qīn'ài de xiǎo bǎo bèi
Bà ba jiāng gěi nǐ mǎi yī zhī bǎi líng niǎo
Rú guǒ nà zhī bǎi líng niǎo bú huì chàng
Bà ba jiāng gěi nǐ mǎi yì zhī zuàn shí jiè zi
Rú guǒ nà zhī zuàn shí jiè zi biàn jiù le
Bà ba jiāng gěi nǐ mǎi miàn jìng zi zhào kàn
Rú guǒ nà miàn jìng zi shuāi huài le
Nǐ shì bà ba zuì tián mì de xiǎo bǎo bèi.

Hush Little Baby

Hush little baby don't say a word
Mama's gonna buy you a mockingbird
If that mockingbird won't sing
Mama's gonna buy you a diamond ring
If that diamond ring turns brass
Mama's gonna buy you a looking glass
If that looking glass falls down
You'll still be the sweetest little baby in town.

睡完午觉我去公园玩。
我喜欢喂小鸭子。
在桥上我和朋友们唱歌跳舞。
Shuì wán wǔ jiào wǒ qù gōng yuán wán.
Wǒ xǐ huān wèi xiǎo yā zi.
Zài qiáo shàng wǒ hé wǒ de péng yǒu
men chàng gē tiào wǔ.

After my quiet time,
I go to the park to play.
I like to feed the ducks.
I sing and dance with
my friends on the bridge.

On the Bridge of Avignon
On the bridge of Avignon
They're all dancing, they're all dancing
On the bridge of Avignon
They're all dancing round and round.

在桥头上
Zài ài wéi niǎo de qiáo tóu shàng
Tā men tiào wǔ, tā men tiào wǔ
Zài ài wéi niǎo de qiáo tóu shàng
Tā men tiào wǔ zhuàn ya zhuàn.

季节歌

Wǒ xi huan bǎ shù yè
Bá chéng yī gè duī
Tuì hòu yí bù wān zhe xī gài
Rán hòu tiào yuè.

Wǒ zuò yī gè xuě qiú
Ràng tā zài dì shàng gǔn
Jiān jiān de biàn chéng yīgè xuě rén
Yòu dà yòu pàng yòu yuán.

Wǒ shì yì duǒ xiǎo huā
Wǒ yǒu xīn lǜ yè
Wǒ de yī gè huā lěi
Gào sù nǐ chūn tiān dào.

Xiàn zài shì xià tiān ya
Tài yáng duō míng liàng
Wǒ men wú yōu wú lǜ
Zhàn zhe fàng fēng zheng.

The Seasons Song
I like to rake the leaves
Into a big hump
Then I step back
Bend my knees, and jump!

I like to make a snowball
And roll it on the ground
It grows into a snowman
So big and fat and round.

I am a little flower
My leaves are newly green
When you see my first bud
You'll know it's spring, it's spring!

It is now summer
The sun is shining bright
Our days are all our own
To stand and fly a kite.

二十四 (èrshísì)

六只小鸭子

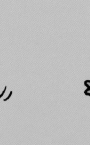

Liù zhī xiǎo yā zi guā guā jiào

Yì zhī pàng yì zhī shòu gè yǒu fēng dù

Yǒu yì zhī dài yǒu yǔ máo de xiǎo yā zi

Dài lǐng zhe qí tā xiǎo yā zi

Guā guā jiào

Guā guā jiào

Guā guā jiào

Xiǎo yā zi yóu dào hé zhōng xīn

Yáo bǎi yáo bǎi yáo bǎi yáo bǎi pái chéng yī duì

Yǒu yì zhī dài yǒu yǔ máo de xiǎo yā zi

Dài lǐng zhe qí tā xiǎo yā zi guā guā jiào.

Six Little Ducks

Six little ducks that I once knew
Fat ones, skinny ones, fair ones, too
But the one little duck
With the feather on his back
He led the others with his
Quack quack quack
Quack quack quack
Quack quack quack
He led the others with his
Quack quack quack.

Down to the river they would go.
Wibble, wibble, wibble, wobble, all in a row.
But the one little duck
With the feather on his back
He led the others with his
Quack quack quack.

大自然

Dà zì rán shì wǒ de jiā
Wǒ men wéi yī de jiā
Dà zì rán shì wǒ men de jiā
Wǒ men rè ài tā
Huí shōu fèi zhǐ, sù liào bō lí
Zhè shì nǐ hé wǒ de zé rèn.

Our Mother Earth

Our Mother Earth, it's our home
It's the only one we have
Our Mother Earth, it's our home
We need to keep it clean
The paper, the plastic, the glass should be recycled
It's you, it's me; together we can save our Earth.

我饿了！
该吃晚饭了。
Wǒ è le!
Gāi chī wǎn fàn le.

I am hungry!
It must be time for dinner.

晚饭好吃 ♪

Wǎn fàn hǎo chī

Xiè xie chú shī

Xiè xie měi yī gè rén!

Dinner is Delicious
Dinner is delicious
I thank the cook
And everyone!

二十七 (èrshíqī)

夜深了。
你能看见天上的星星吗？
Yè shēn le. Nǐ néng kàn jiàn tiān shàng de xīng xing ma?

It's night time.
Do you see the stars?

闪闪亮亮
Shǎn shǎn liàng liàng xiǎo xīng xīng
Nǐ jiū jìng shì shén me
Gāo gāo guà zài tiān kōng shàng
Jiù xiàng zuàn shí zài shǎn liàng
Shǎn shǎn liàng liàng xiǎo xīng xīng
Nǐ jiū jìng shì shén me.

Twinkle, Twinkle
Twinkle, twinkle, little star
How I wonder what you are
Up above the world so high
Like a diamond in the sky
Twinkle, twinkle, little star
How I wonder what you are.

摇篮曲
Shuì ba, bǎo bèi, bàn suí méi gui de wēn qíng
Mā ma de huái bào shì nǐ de yáo lán
Yáo a yáo a yáo a yáo
Shì shàng yí qiè xìng fú, wēn nuǎn, tián mì dōu
    shǔ yú nǐ
Shì shàng yí qiè xìng fú, wēn nuǎn, tián mì dōu
    shǔ yú nǐ.

Shuì ba, bǎo bèi, bàn suí méi gui de wēn qíng
Mā ma de huái bào shì nǐ de yáo lán
Bú yòng fán nǎo bú yòng yōu chóu
Shì shàng yí qiè xìng fú, wēn nuǎn, tián mì dōu
    shǔ yú nǐ
Shì shàng yí qiè xìng fú, wēn nuǎn, tián mì dōu
    shǔ yú nǐ.

Lullaby
Lullaby and goodnight, with roses delight
Creep into your bed, there pillow your head
If God will, you shall wake, when the morning does break
If God will, you shall wake, when the morning does break.

Lullaby and goodnight, those blue eyes closed tight
Bright angels are near, so sleep without fear
They will guard you from harm, with their dreamland's
    sweet charm
They will guard you from harm, with their dreamland's
    sweet charm.

二十八 (èrshíbā)

28

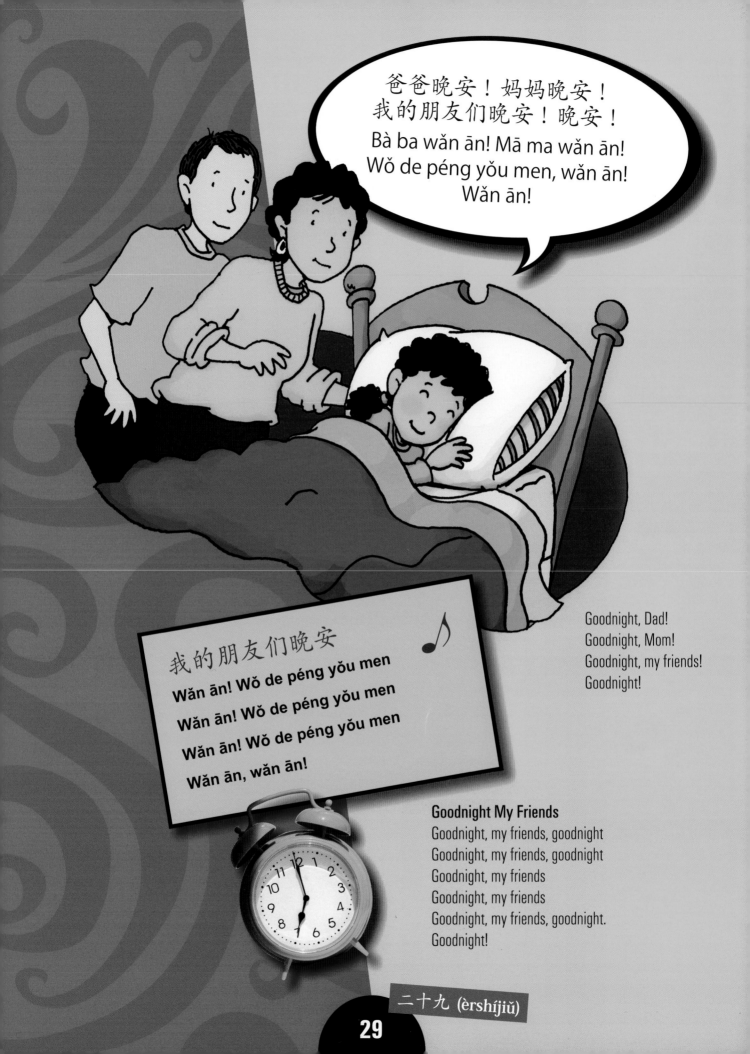

Want to learn more?

<u>Overview to Chinese Pronunciation</u>
Chinese words are created by using 21 beginning sounds called initials, and 37 ending sounds, called finals. Vowels are the final sounds and consonants are the initial sounds.

For example:

Jing: j is an initial and ing is a final

Pei: p is an initial and ei is a final

Chinese is also a "tonal" language, which means that the tone in which you pronounce the word can change the meaning of the word. Each character has four assigned tones and neutral tone that determine the meaning, as well as the sound when spoken.

For example:

<u>Tone</u>	<u>Pinyin</u>	<u>Sound</u>
1st tone	mā	This tone is high and even
2nd tone	má	Starts medium and rises up
3rd tone	mǎ	Starts low and dips down, and then rises up
4th tone	mà	Starts at top, falls sharply to bottom
neutral	ma	Flat tone, with no emphasis

三十 (sānshí)

枕头 (zhěn tóu)

窗户 (chuāng hù)

床 (chuáng)

洋娃娃 (yáng wá wa)

猫 (māo)

书 (shū)

沙发 (shā fā)

鞋子 (xiézi)

树 (shù)

朋友 (péng yǒu)

桥 (qiáo)

足球 (zú qiú)

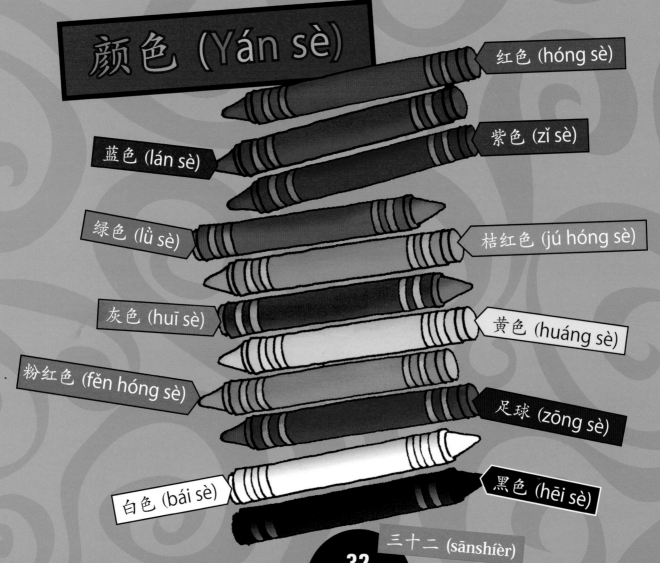

颜色 (Yán sè)

红色 (hóng sè)

紫色 (zǐ sè)

蓝色 (lán sè)

绿色 (lǜ sè)

桔红色 (jú hóng sè)

灰色 (huī sè)

黄色 (huáng sè)

粉红色 (fěn hóng sè)

足球 (zōng sè)

白色 (bái sè)

黑色 (hēi sè)